JN014587

Meguro's
SIMPLE STYLE MEMO
I AM BEAMS Vol.4 Etsuko Meguro

はじめに

はじめまして。
おひさしぶり！
もしくは知ってる知ってる、という方も、
この本を手に取ってくださりありがとうございます。

この本では、ファッション販売に携わって15年、
プレス歴3年のわたしが辿り着いた
シンプルスタイルをまとめました。

この本をスタートするにあたり、
クローゼットを整理したのですが
それでわかったことは、知らぬ間にルールがあったこと。
色はモノトーンかアースカラー、
アイテムはノースリーブかロングスカート。
シルエットはIラインかAラインになること。

わたしたちは、毎日何かを着て
1日をスタートさせています。
これまでトレンドを意識しすぎたり
誰かに憧れて頑張りすぎたり
無理して自分には高すぎるものを買ったり
いろんな実験の末、
何かを、誰かを、追わなくていい

何かを、誰かを、追わなくていい
違うわたしにならなくていい
わたしらしいスタイルさえあれば大丈夫、
ということに気づきました。

好きなものと似合うと思えるもの、
それさえあれば気持ちは上向き。
どんなひとといてもどんなシーンでも
自分らしく振る舞える気持ちでいられるようになったのです。

ファッションはその時々で背中を押してくれたり、
スイッチを切り替えてくれたりするもの。
約20年間、
たくさんの服とひと、お客さまに関わっていく中で
できた、わたしのスタイル。

この本を手に取っていただいた方のちょっとしたヒントになれば
それ以上幸せなことはありません。

目黒　越子

CONTENTS

MY STYLE

目黒流スタイルは2つの選択肢から始まります。

アイテムはノースリーブとロングスカートを中心に。

色はモノトーンかアースカラーで。

シルエットはIラインかAライン。

選択肢は、いつも2つだけ。

自分が心地よくいられる形、色、素材を探して

たどり着いたのは、本当に限られたアイテムたち。

無理しなくなると、迷わなくなる。

今日を前向きに過ごすためのMY STYLEです。

動くたびにドラマティックな
表情を見せてくれるAラインスタイル。
気分を盛り上げてくれる
シルエットは、特別な日だけではなく
日常にこそ用意して、
踊るように過ごしたいものです。

Tops／AK+1
Skirt／AK+1
Earrings／Demi-Luxe BEAMS
Bag／gaspino
Shoes／OOFOS

シルクニットはツヤと上品さを与えてくれるので、最近ますます頼れる存在。
手入れもしやすく進化して、シーズンレスなところも好きです。
リネン混のスカートを合わせれば気負わないムードに。程よく力を抜いたスタイルは自然にニンマリします。

Tops／Demi-Luxe BEAMS Skirt／AK+1 Earrings／Demi-Luxe BEAMS
Bangle／Demi-Luxe BEAMS Glasses／OLIVER PEOPLES Bag／CELINE Shoes／NEBULONI E.

モノトーンスタイルは、
ニュアンスカラーの小物を足すと
柔和な印象になって、
自分らしいスタイルになる
気がしています。背筋を伸ばして
堂々と過ごせる、メリハリの効いた
モノトーンのIラインスタイルは私の定番。

Tops / Demi-Luxe BEAMS
Skirt / Demi-Luxe BEAMS
Earrings / Demi-Luxe BEAMS
Bag / THE ROW
Shoes / BALDAN

いつの間にか増えていて、
好きなことに気づいたカーキグリーン。
グラデーションで合わせたら
日焼けした肌と相性が良くて、
嬉しい発見に。シルバーアクセと
サングラスでスパイスを効かせて。
薄着に大きなバッグで
バランスを取るのは
お気に入りのテクニックです。

Tops / Demi-Luxe BEAMS
Skirt / Demi-Luxe BEAMS
Sunglasses / BLANC
Earrings / Demi-Luxe BEAMS
Bangle / Demi-Luxe BEAMS
Bag / CELINE

ブラック×ピンクベージュの組み合わせは、
黒を女性らしく着たいときに活躍します。
わたしにとっての定番ピンクとは、
ちょっとくすんだくらいのピンクベージュ。
甘さ控えめが好きなので、
黒の分量を多めにするのが
自分らしいバランスです。

Tops / ATON
Skirt / Demi-Luxe BEAMS
Bracelet / PHILIPPE AUDIBERT
Bangle / Demi-Luxe BEAMS
Bag / THE ROW

"主役級トップス"を備えていると安心。仕事やプライベートで、
ちょっとしたイベントが舞い込んでも、あわてず受け止められます。素材感があるものを
取り入れるときは、他のアイテムは全て引き算をして主役を引き立たせて。

Tops／EFFE BEAMS　Skirt／Demi-Luxe BEAMS　Earrings／jour couture
Ring／Fruitsjolie × Demi-Luxe BEAMS　Bag／THE ROW　Shoes／MANOLO BLAHNIK

大人にこそ似合うと思っているノースリーブニット。着る季節が限られている贅沢なアイテムだからこそ特別。
大人になって媚びずに、気取らずに着られるようになっていることに気づいて嬉しくなります。
とにかくノースリーブを着ていたいので、真冬ギリギリまで楽しむのがわたし流。

Tops／BATONER × Demi-Luxe BEAMS　Skirt／THE HANDSOME　Earrings／Demi-Luxe BEAMS
Bangle／Demi-Luxe BEAMS　Bracelet／PHILIPPE AUDIBERT　Ring／Fruitsjolie × Demi-Luxe BEAMS　Bag／THE ROW

似合うカラーを見つけると、
黒が多い私のクローゼットが回り出します。
最近の発見はグリーン。
選ぶときは、淡いピスタチオグリーンや、
抹茶や苔を思わせるような
奥行きのあるグリーンなど、
ニュアンスのある絶妙なカラーを選びます。

Tops / CINOH
Skirt / Demi-Luxe BEAMS
Earrings / Demi-Luxe BEAMS
Ring / Fruitsjolie
Bracelet / PHILIPPE AUDIBERT
Bangle / Demi-Luxe BEAMS
Bag / THE ROW

CHAPTER 01 MY ITEMS

わたしの着こなしはこの2アイテムで出来ています。

基本はノースリーブトップスとロングスカート。

目黒流スタイルを支える2大アイテムです。

理由はシンプル、IラインもしくはAラインを強調したいから。

上半身をコンパクトに見せてくれるノースリーブトップスは

寒い季節もギリギリまで着ています。

そして休日以外、ボトムはロングスカート。

アイテムをとことん絞ることで、

迷わない大人のシンプルコーディネートが出来上がります。

Sleeveless Top

Long Skirt

Illustration by Etsuko Meguro

真冬以外、トップスはノースリーブが基本。

たぶんビームス スタッフの中でも

わたしが1年でいちばん早くノースリーブを着はじめて、

いちばん遅くまで着ているかもしれません(笑)。

2月の陽気の良い日から、12月のパーティ時期までが目安。

基本は首がつまったクルーネックかボートネック。

その形がIラインもAラインも作りやすくて、

わたしらしくいられるアイテムです。

デコルテは見せず、腕を出す。

大人の肌見せバランスのヒントに。

Sleeveless Tops.

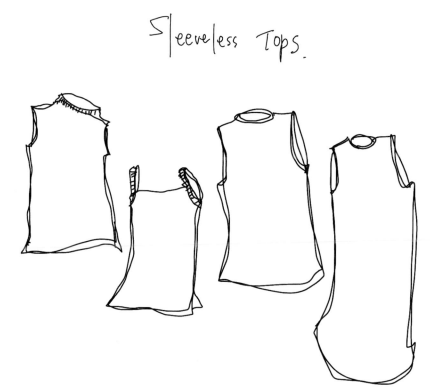

目黒流、ノースリーブトップスの選び方

ロング丈のノースリーブ。
ウエスト周りを気にせず
1日を過ごしたい日に重宝します。
たくさん食べたい旅行にも必ず持っていくアイテム(笑)。

Sleeveless tops／ATON

ピスタチオのシャーベットのような、
清涼感のあるカラーが魅力のノースリーブ。
〈CINOH〉らしいハリのあるしっかりとした
カットソー生地が、きちんとした印象を与えてくれます。

Sleeveless tops／CINOH

ボートネックのヘルシーニットキャミソール。
昨年購入して溺愛した〈Demi-Luxe BEAMS〉の
ニットキャミを、目黒オリジナルラインでアップデート。
しっとりとした風合いのニットだから上品に着こなせて、
大人も堂々と肌見せを楽しめるんです。

Sleeveless tops / Demi-Luxe BEAMS

タンクトップ感覚で着るシルクニットのノースリーブ。
フェミニンにもハンサムにも振れるアイテムとして優秀。
少しつまった襟元と、ツヤのある
素材感のバランスが気に入っています。

Sleeveless tops / Demi-Luxe BEAMS

ボトムスはロングスカート、以上です。

ロングスカートの1軍は4タイプ。

ニットのタイトスカート、フェイクレザーのAライン、

布帛素材のマキシ丈か、つやのあるフレアスカート。

この4つがあれば私のスタイルは完成です。

共通のルールは、きちんと長さがあること。

中途半端なロング丈ではなく、しっかりマキシ丈。

シンプルなのにちゃんと女らしい、

そんな理想の着こなしに近づく秘訣です。

Skirts

Illustration by Etsuko Meguro

目黒流、ロングスカートの選び方

フェイクレザーのロングスカートは
気に入りすぎてヘビーローテーション。
季節の変わり目のシーズンにとくに重宝しています。
どんなアイテムと合わせても、
都会的に昇華してくれる優秀さに惚れ惚れ。

Skirt / Demi-Luxe BEAMS

Iラインスタイルをつくる上で欠かせない、
わたしの超定番アイテム。大好きなミラノリブニットの
タイトスカートです。オンもオフも、インもアウトも
様になる万能さに夢中。ウエスト位置を
お腹の一番気になるラインで止めるのがポイント。

Skirt / Demi-Luxe BEAMS

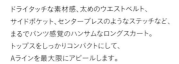

ドライタッチな素材感、太めのウエストベルト、
サイドポケット、センタープレスのようなステッチなど、
まるでパンツ感覚のハンサムなロングスカート。
トップスをしっかりコンパクトにして、
Aラインを最大限にアピールします。

Skirt / AK+1

つや感たっぷりなロングスカートは、
ウォーム感のあるトップスとコントラストを楽しんだり、
丈の長いトップスに合わせてロング＆リーンな
スタイリングにしたり。色気のあるアイテムを
自分のさじ加減で差し込むのが好きです。

Skirt / LEE MATHEWS

バッグは無地・ロゴ無し・地味色で

まずは大きいか小さいかの二択。

中途半端なサイズのバッグは持ちません。

そして、無地でシンプルであること。

ロゴマークや柄ものはいまのわたしには落ち着かなくて。

メゾンブランドでもロゴは出来るだけ小さいものに。

カラーは服に馴染む地味色カラー。

荷物が多いので通勤バッグは

ミニバッグと大きいサブバッグの2つ持ちです。

仕事がある平日は、PCが入る大きめサイズが条件。
服は黒が多いけど、黒いバッグは持っていません。
着こなしに柔らかい表情を加えてくれる
ニュアンスカラー＆ソフトレザーを。

Bag / CELINE
Bag / MODERN WEAVING

ミニバッグも、もちろん地味色。
ひかえめな極細ストラップが身体に寄り添い、
スタイリングのIラインやAラインを邪魔せず、
すっきりと見せてくれます。

Bag / THE ROW

シューズも、モノトーンかアースカラー。

服と同じトーンで揃えたり、
相性のいいカラーを合わせたりすると
自然とモノトーンかアースカラーの
ほぼ二択になるシューズカラー。
ボトムはロングスカート一択なので、
足首まわりがすっきりしたデザインを選びます。
ヒールはドレスアップする時以外、低めかフラット。
靴選びも「自分らしく、無理しない」が基本です。

服がシンプルな分、自分の靴選びには
バリエーションがあったことを発見。
服よりデザイン性があるものを選び、
足元にアクセントを足しています。
時々履くヒールは低め。
きれいめフラットがいつものスタメンです。

Mules / BALDAN
Mules / bibliotek × Demi-Luxe BEAMS
Pumps / Maison Margiela
Sandals / PELLICO SUNNY
※左上から時計回りに

秋冬はブーツがメインに。
丈はロングかミドルが主流です。
ロングスカートとのバランスを注意して、
丈感をセレクト。
黒の中にニュアンスカラーも差し込みます。

Boots / SARIELA
Boots / CAMINANDO
Boots / PELLICO
Boots / PELLICO SUNNY
Boots / CAMINANDO
Boots / A di GAETA
※左上から時計回りに

ジュエリーは耳と手だけ

20代後半から金属アレルギーの症状が始まり、
その頃からネックレスの登場回数はほぼゼロ。
いまは耳元と手元で楽しんでいます。
なぜか耳と指はゴールドが多く、
手首はシルバー派。あえて
シルバーとゴールドをミックスして
完璧に決めすぎないのが目黒流。
頑張りすぎない、ちょっとした隙が
程よい抜け感をつくってくれます。

涼やかさや、モダンさをプラスしたい時につけるシルバー。
存在感のあるボリューミーなものをシルバーで
手首にさりげなくつけるのが最近気に入っています。
耳と指はゴールド、手首はシルバー、
首元は無しがいまのスタイル。

Earrings / Demi-Luxe BEAMS
Watch / ROLEX
Ring / ARIANA BOUSSARD-REIFEL
Bangle / Demi-Luxe BEAMS
Bangle / MASATO INOUE
Bracelet / PHILIPPE AUDIBERT
※上から

華やかさが欲しいときはゴールドを。
耳もとのイヤリングは
ぷっくりしたモチーフが今の気分。
リングは中指に大きめな石をつけるのが
お気に入りバランス。

Earrings / BEAMS BOY
Earrings / Demi-Luxe BEAMS
Ring / Fruitsjolie × Demi-Luxe BEAMS
Ring / Fruitsjolie × Demi-Luxe BEAMS
Ring / Fruitsjolie
Ring / Fruitsjolie
※上から

季節の変わり目の登場アイテム

いよいよノースリーブだけでは寒くなってくる季節の端境期。

上にオーバーサイズのシャツを羽織ったり、

上質なストールをプラスしたりして

ギリギリまでノースリーブトップスを着ています(笑)。

また、変わり目シーズンは黒のロンTが、ほぼ制服。

中途半端な袖丈はなくて、ノースリーブから一気に長袖へ。

袖も身頃もリーンなタイプを選ぶのが目黒流。

素材はシアーな質感が最近のお気に入り。

季節感を程よく繋いでくれて、カジュアルすぎない仕上がりに。

季節の変わり目にほぼユニフォーム化している黒のロンT。
着ぶくれ感が出ないように、薄手の生地を選びます。
袖や身頃は長めのデザインに。
ロングスカートを合わせたときに、
きれいなIラインシルエットが完成します。

Longsleeve T-shirt / AK+1

シャツがしっくりくるようになり、
ようやく大人になってきた気がします(笑)。
カーディガンを着ない私にとって、
羽織れるオーバーサイズシャツは
この季節の必須アイテム。

Shirt / AK+1

「育てるリネンストール」という亜希さんの
言葉に惹かれて、購入を決めた〈AK+1〉のストール。
だいぶ風合いが出てきて、
いい感じに育ってきました！
海に旅行に通勤に、大活躍のマストハブです。

Stole / AK+1

シーズンレスな素材のシアーなニット。
一年中頼れるアイテムです。
最近は、ストール代わりに巻くのもマイブーム。
薄手の生地感は扱いやすく、
もたつかないのでレイヤードにも最適です。

Knit / Demi-Luxe BEAMS

アウターはノーカラーかジャケットを

改めてクローゼットを確認してみたら、
近年買い足しているアウターが全部ノーカラーコートでした。
冬はインナーにタートルネックかクルーネックしか着ないから
首まわりがすっきり見えるノーカラーは必然。
色は、どんなTPOにも困らない黒と、好みのアースカラーで。
そして、極力厚着をしたくないわたしは、ジャケットもアウター代わり。
真冬は首にストールをぐるぐるに巻いて。
シルエットがきれいな仕立てのいいジャケットで
すっきりした好バランスを狙います。

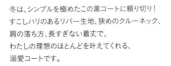

冬は、シンプルを極めたこの黒コートに頼り切り！
すこしハリのあるリバー生地、狭めのクルーネック、
肩の落ち方、長すぎない着丈で、
わたしの理想のほとんどを叶えてくれる、
溺愛コートです。

Coat / CINOH

ジャケットの懐の深さを感じる一枚。
わたしのワードローブに合う、
黒のブレザーを年々好きになっています。
ちょっとしたオケージョンシーンにも頼れるし、
ストールを巻けば梅春や晩秋のアウターにも。

Jacket / Demi-Luxe BEAMS
Stole / ASAUCE MELER

NAILS

セルフネイルで気分転換

ハンドネイルを毎週月曜日に塗り直すのがわたしのルーティン。
気持ち良く1週間のスタートを切る秘訣です。
最近はホワイトネイルがブーム。
夏の日焼け肌にも、冬の重めの素材感にもぴったりなんです。
ネイルは小さい面積だけど、毎日視界に入るものだから
きちんときれいにしておきたいところ。
服だと色ものを着ないわたしですが、ネイルだけは
季節のはじめにトレンドカラーを塗ったり、
お呼ばれにはホストのイメージカラーを忍ばせたりして、
自分らしく、こっそり楽しんでいます。

上：J.Hannah　下：すべてNAILS INC

CHAPTER 02 MY COLOR

カラーはモノトーンとアースカラーがあればいい。

最近は少しずつ、自分に心地いい色がわかるようになってきました。

なぜかネイビーが似合わないと気づいたり、

鮮やかな色より柔らかい色が好きだと感じたり。

するとクローゼットの中は、見事に

モノトーンとアースカラーだけに。

こだわりやルールではなく、自分が心地良く前向きになれる色を

自然と選んできた結果なので、ひとによって

似合う色もまたそれぞれだと思います。

嬉しいのは、似合う色がわかると迷いがなくなること。

迷いがなくなると、おしゃれがもっと楽しくなるはず。

Illustration by Etsuko Meguro

モノトーンへの偏愛

ひとくちにモノトーンと言っても、
黒から白までのグラデーションには
様々な表情や奥行きがあります。
素材が変われば印象も変わるし、実は驚くほどたくさんの
顔を持っているモノトーンのスタイル。
春夏秋冬、オンオフ、TPO問わず、わたしの軸になっているモノトーン。
だから、毎シーズン、いまのムードが感じられるアイテムを更新しています。
いつまでも色褪せない魅力を持ち、わたしを刺激してくれる
モノトーンからしばらく目が離せない予感です。

Knit / SLOANE
Tops / SLOANE
Skirt / AK+1
Earrings / Demi-Luxe BEAMS
Bangle / Demi-Luxe BEAMS
Braclet / PHILIPPE AUDIBERT
Bag / PAPYRUS
Shoes / Demi-Luxe BEAMS

MONOTONE 22 LOOKS

MONOTONE / spring & summer

コントラストが魅力の白×黒のスタイリング。
ニットキャミソールが持つ上品さと、
リネンスカートのナチュラルさとのバランスのおかげで、
薄着でも大人の女性らしい着こなしに。
足元でヘルシーさをプラスして。

Tops / Demi-Luxe BEAMS
Skirt / Demi-Luxe BEAMS
Bangle / Demi-Luxe BEAMS
Ring / Fruitsjolie × Demi-Luxe BEAMS
Bag / PAPYRUS
Shoes / OOFOS

MONOTONE / spring & summer

オールブラックのコーディネートは、
表情のある素材を重ねることで奥行きを出せます。
アンサンブルのように同じカラーの
羽織りやストールをレイヤードすると、
スタイリングにメリハリが出るのでおすすめ。

Knit / Demi-Luxe BEAMS
Tops / Demi-Luxe BEAMS
Skirt / Demi-Luxe BEAMS
Bangle / Demi-Luxe BEAMS
Bracelet / PHILIPPE AUDIBERT
Bag / THE ROW
Shoes / MANOLO BLAHNIK

MONOTONE / spring & summer

上品さと親しみやすさが共存するニット×ニットの
スタイルは、大人になってこそ着こなせる組み合わせ。
風合いのあるリネンストールをプラスすると、
全身黒の強さがやわらぎ、リラクシングなムードに。

Tops / Demi-Luxe BEAMS
Skirt / Demi-Luxe BEAMS
Ring / ALIANA BOUSSARD-REIFEL
Bracelet / MASATO INOUE
Stole / AK+1
Bag / MARY AL TERNA
Shoes / BALDAN

MONOTONE / spring & summer

絶妙なグレージュのロングスカートは、
モノトーンスタイルの鮮度を上げてくれた存在。
ワイドパンツを思わせるディテールが詰まっていて、
スカート派でもハンサムな印象を楽しめる貴重な一枚。

Tops / Demi-Luxe BEAMS
Skirt / AK+1
Sunglasses / BLANC
Ring / Fruitsjolie × Demi-Luxe BEAMS
Bag / THE ROW
Shoes / bibliotek × Demi-Luxe BEAMS

MONOTONE / spring & summer

一見、潔くシンプルに徹したコーディネート。
肩パッド入りトップスやタビシューズなど、
モードな要素も取り入れて、
ファッションが楽しくなる仕掛けをちりばめます。

Tops / PROTAGONISTA
Skirt / AK+1
Ring / Fruitsjolie
Watch / ROLEX
Bag / PAPYRUS
Shoes / Maison Margiela

MONOTONE / spring & summer

白のタンクトップを一気に辛口なムードに
してくれるフェイクレザースカート。
夏素材のミニバッグやラバーサンダルで、
わたしらしく、肩の力を抜いたリラックススタイルに。

Tops / ATON
Skirt / Demi-Luxe BEAMS
Bangle / Demi-Luxe BEAMS
Bracelet / PHILIPPE AUDIBERT
Bag / gaspino
Shoes / OOFOS

MONOTONE / spring & summer

少しフォーマルに仕上げたい日は、とろみ素材の
トップスが味方。やわらかく着やすいうえに、
きちんと上品な印象にしてくれます。
仕事で取材を受ける日や、
ハレの日などに備えているアイテム。

Tops / Demi-Luxe BEAMS
Skirt / Demi-Luxe BEAMS
Bracelet / Demi-Luxe BEAMS
Bag / THE ROW
Shoes / MANOLO BLAHNIK

MONOTONE / spring & summer

白のスカートをボディラインなどの
緊張感や不安から解放してくれる
アイディアコーディネートがこちら。
ロング丈のトップスなら安心安全。
食べこぼしにも対応します(笑)。

Tops / ATON
Skirt / Demi-Luxe BEAMS
Earrings / Demi-Luxe BEAMS
Bag / FANE × International Gallery BEAMS
Shoes / BALDAN

MONOTONE / spring & summer

オールホワイトでつくるキャミソール＆
タイトスカートのコーディネートは、
リネンストールとサンダルで抜け感をプラス。
ウエストもインせずラフなムードで
こなれ感を演出します。

Tops / Demi-Luxe BEAMS
Skirt / Demi-Luxe BEAMS
Ring / Fruitsjolie × Demi-Luxe BEAMS
Stole / AK+1
Bag / THE ROW
Shoes / OOFOS

MONOTONE / spring & summer

トレンドに左右されず、快適に体をきれいに
見せてくれるリネンのセットアップ。
きっとこの先何年も着るであろう、
「BEAMS」の目黒オリジナルライン自信作のひとつ。
前後2WAYのデザインも嬉しい。

Tops / Demi-Luxe BEAMS
Skirt / Demi-Luxe BEAMS
Ring / ARIANA BOUSSARD-REIFEL
Bangle / MASATO INOUE
Bag / THE ROW
Shoes / BRENTA

MONOTONE / fall & winter

モヘアニットのふわふわな素材感と、
シンプルなタイトスカートで
コントラストをつけた着こなしに。
明るいトーンの小物を差し込んで、
決めすぎないゆるさを忍ばせて。

Tops / Demi-Luxe BEAMS
Skirt / Demi-Luxe BEAMS
Bag / MARY AL TERNA
Shoes / BRENTA

MONOTONE / fall & winter

華やかさは欲しいけど、
決めすぎたくない用事がある日に。
ブラウス感覚で着られるカットソーが頼れます。
足元はヒールだと頑張りすぎの印象なので、
サイドゴアブーツではずすのがポイント。

Tops / EFFE BEAMS
Skirt / Demi-Luxe BEAMS
Earrings / Demi-Luxe BEAMS
Ring / Fruitsjolie
Stole / ASAUCE MELER
Bag / THE ROW
Shoes / SARIELA

MONOTONE / fall & winter

バルキーなニットには、極薄のツヤスカートを。
重さと軽さのバランスが楽しいスタイル。
あたたかくて動きやすいから、
冬旅の定番スタイルでもあります。

Tops / DEMYLEE
Skirt / AK+1
Earrings / Demi-Luxe BEAMS
Ring / ARIANA BOUSSARD-REIFEL
Bag / THE ROW
Shoes / SARIELA

MONOTONE / fall & winter

フラッフィーなモヘアニットにはモードな
フェイクスエードを。ニュアンスカラーの
ブーツで強くなりすぎないように調節します。
さらにミニバッグで軽さを加えました。

Tops / Room no.8
Skirt / Demi-Luxe BEAMS
Earrings / Demi-Luxe BEAMS
Ring / ARIANA BOUSSARD-REIFEL
Bag / THE ROW
Shoes / PELLICO SUNNY

MONOTONE / fall & winter

季節の変わり目に重宝する軽アウター。
ボリュームがあるのでシンプルな
タイトスカートが最適です。
スポーティなアウターに、足元はヒールで
女性らしさをさりげなくアピール。

Blouson / INSCRIRE
Tops / Demi-Luxe BEAMS
Skirt / Demi-Luxe BEAMS
Earrings / Demi-Luxe BEAMS
Ring / Fruitsjolie × Demi-Luxe BEAMS
Bag / THE ROW
Shoes / PELLICO

MONOTONE / fall & winter

Aライン同士のアイテムは広がりすぎないように、
全身を同系色ですっきりとまとめて。
ボリューム感のあるブーツを合わせて、
重心のバランスを整えます。

Tops / BATONER × Demi-Luxe BEAMS
Skirt / AK+1
Earrings / Demi-Luxe BEAMS
Stole / ASAUCE MELER
Bag / FANE × International Gallery BEAMS
Shoes / PELLICO SUNNY

MONOTONE / fall & winter

ハリのあるウールコートの下には、
スッキリしたタートルネックセーターと
ゆれるロングスカートでリズミカルに。
ななめがけにしたグリーンのミニバッグを
コートの下に忍ばせてアクセントに。

Coat / CINOH
Tops / Demi-Luxe BEAMS
Skirt / AK+1
Glasses / OLIVER PEOPLES
Earrings / Demi-Luxe BEAMS
Bag / THE ROW
Shoes / PELLICO SUNNY

MONOTONE / fall & winter

ざっくり感が魅力の冬ニットを着るときは、
他の素材感を消して着膨れを防止。
オーバーサイズのトップスには、
タイトなボトムを合わせるのが目黒流鉄則です。

Tops / CINOH
Skirt / Room no.8
Earrings / Demi-Luxe BEAMS
Bracelet / MASATO INOUE
Ring / ALIANA BOUSSARD-REIFEL
Bag / THE ROW
Shoes / SARIELA

MONOTONE / fall & winter

きちんと感のあるジャケットは、
真面目すぎない着こなしにすることが第一。
フェイクレザースカートやブーツなど、
意外性のある組み合わせで
定番アイテムをフレッシュに。

Jacket / Demi-Luxe BEAMS
Tops / Demi-Luxe BEAMS
Skirt / Demi-Luxe BEAMS
Earrings / Demi-Luxe BEAMS
Watch / ROLEX
Bag / THE ROW
Shoes / PELLICO

MONOTONE / fall & winter

ボディラインが出やすいボトムスに
合わせるのはロングトップス。
Iラインが強調されてスッキリ見せてくれます。
たまにしか着ない半袖トップスは、
身頃がしっかり長いものをチョイス。

Tops / STUDIO NICHOLSON
Skirt / THE HANDSOME
Earrings / Demi-Luxe BEAMS
Bag / FANE × International Gallery BEAMS
Shoes / PELLICO SUNNY

MONOTONE / fall & winter

メンズライクに着られるコットンニットには、
女性らしいツヤスカートで目黒流バランスに。
バルキーなニットの重さに合わせて
足元にもブーツで重さを調整。

Tops / Demi-Luxe BEAMS
Skirt / THE HANDSOME
Earrings / Demi-Luxe BEAMS
Ring / Fruitsjolie
Bag / THE ROW
Shoes / PELLICO SUNNY

MONOTONE / fall & winter

グレー×ホワイトは冬の鉄板カラー。
そこにニュアンスカラーをワンポイントで入れると、
わたしらしさを表せます。
この場合は、グリーンをバッグで差し込んで。

Tops / SLOANE
Skirt / Demi-Luxe BEAMS
Earrings / Demi-Luxe BEAMS
Ring / Fruitsjolie × Demi-Luxe BEAMS
Bag / THE ROW
Shoes / A di GAETA

肌に馴染むアースカラー

ベージュからブラウン、カーキからグリーンまで。
地球上にある自然なものの中から選ぶアースカラーは
やはり無理がなくて、着ていて心地いいと感じる色。
土や砂、木や葉、ストーンなどからインスパイアされた
プリミティブなカラーに思わず手が伸びてしまいます。
海のそばで自然と日焼けする自分の肌色に合うのか、
いつの間にか増えているアースカラーの服たち。
その奥深い魅力に惹きつけられっぱなしです。

Shirt / EFFE BEAMS
Tops / Demi-Luxe BEAMS
Skirt / Demi-Luxe BEAMS
Earrings / Demi-Luxe BEAMS
Watch / ROLEX
Ring / Fruitsjolie × Demi-Luxe BEAMS
Bag / FANE × International Gallery BEAMS
Shoes / BALDAN

EARTH COLOR 22 LOOKS

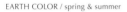

EARTH COLOR / spring & summer

抹茶のかき氷のような涼やかなカラーブロック。
真夏の前後に着たくなるスエードスカートは、
渋みが魅力のモスカラー。
個人的にいまハマっているカラーパレットです。

Tops / CINOH
Skirt / Demi-Luxe BEAMS
Earrings / Demi-Luxe BEAMS
Bangle / Demi-Luxe BEAMS
Bag / gaspino
Shoes / Demi-Luxe BEAMS

EARTH COLOR / spring & summer

上半身を小さく華奢に見せてくれる
王道Aラインコーディネート。
シルバーのエコバッグやビーチサンダルなど、
抜け感のある小物使いで程よくカジュアル感を加えて。

Tops / Demi-Luxe BEAMS
Skirt / Demi-Luxe BEAMS
Earrings / Demi-Luxe BEAMS
Stole / AK+1
Bag / Ray BEAMS
Ring / Fruitsjolie × Demi-Luxe BEAMS
Shoes / OOFOS

EARTH COLOR / spring & summer

目黒流、地味色の組み合わせ。
肌見せのバランスと小物選びで、
地味色ながら華やぎのある印象に。
小さくても、パールやゴールドのジュエリーが
頼れると実感するコーディネート。

Tops / Demi-Luxe BEAMS
Skirt / Demi-Luxe BEAMS
Earrings / Demi-Luxe BEAMS
Ring / Fruitsjolie
Bag / MARY AL TERNA
Shoes / PELLICO SUNNY

EARTH COLOR / spring & summer

オールホワイトのコーディネートに、
ラフなカーキリネンシャツとスニーカーを合わせて。
エフォートレス感を満喫できる
初夏・晩夏向けコーディネートです。

Shirt / Demi-Luxe BEAMS
Tops / Demi-Luxe BEAMS
Skirt / Demi-Luxe BEAMS
Earrings / Demi-Luxe BEAMS
Bag / gaspino
Shoes / NIKE

EARTH COLOR / spring & summer

誰のためでもなく「いい女」気分で過ごしたい時、
シルクのアイテムを選びます。
何色とも言えないニュアンスカラーがわたし好み。
どんな予定が舞い込んでも落ち着いて対応できる服。

Knit / Demi-Luxe BEAMS
Tops / Demi-Luxe BEAMS
Skirt / Demi-Luxe BEAMS
Glasses / BEAMS BOY
Earrings / Demi-Luxe BEAMS
Ring / ARIANA BOUSSARD-REIFEL
Bag / THE ROW
Shoes / MANOLO BLAHNIK

EARTH COLOR / spring & summer

極薄シルクのスカートには、
ウエスト＆ヒップをカバーしてくれるロング丈の
トップスを迷わずセレクト。黒×グリーンは、
最近ヘビーローテーションの組み合わせ。

Tops / ATON
Skirt / LEE MATHEWS
Earrings / Demi-Luxe BEAMS
Ring / Fruitsjolie
Bag / FANE × International Gallery BEAMS
Shoes / MANOLO BLAHNIK

EARTH COLOR / spring & summer

柔らかいトーンの組み合わせに辛さを足したいときは、
スタイリッシュなフェイクレザー素材が最適。
さらに黒小物で締めれば、
わたしらしい甘さひかえめなスタイルに。

Tops / ATON
Skirt / Demi-Luxe BEAMS
Glasses / BLANC
Earrings / Demi-Luxe BEAMS
Ring / Fruitsjolie × Demi-Luxe BEAMS
Bag / MARY AL TERNA
Shoes / BRENTA

EARTH COLOR / spring & summer

涼しさを出したい日はカラーの力に頼ります。
ピスタチオのシャーベットみたいなカラーのトップスに、
アイシーなトップグレーのスカートをかけ合わせて。
小物で濃色を足して引き締めて。

Tops / CINOH
Skirt / AK+1
Glasses / OLIVER PEOPLES
Earrings / Demi-Luxe BEAMS
Bag / THE ROW
Shoes / MODERN WEAVING

EARTH COLOR / spring & summer

薄着じゃいられなくなる時期にはジレを。
ギリギリまでノースリーブを着たい時の飛び道具的存在。
インナーはワントーンで合わせると
落ち着いた印象に仕上がります。

Gilet / Demi-Luxe BEAMS
Tops / Demi-Luxe BEAMS
Skirt / Room no.8
Earrings / Demi-Luxe BEAMS
Ring / Fruitsjolie × Demi-Luxe BEAMS
Bag / PAPYRUS
Shoes / Maison Margiela

EARTH COLOR / spring & summer

好きなカラーを身にまとえば一日ソワソワしない、
自分を納得させられるコーディネートに。
つま先までニュアンスカラー同士を丁寧に重ねた、
奥行きのある着こなしに。

Tops / PROTAGONISTA
Skirt / Demi-Luxe BEAMS
Earrings / Demi-Luxe BEAMS
Stole / AK+1
Watch / ROLEX
Bag / THE ROW
Shoes / BRENTA

EARTH COLOR / fall & winter

わたしの偏愛アイテムのひとつ、カシュクールトップス。
フェミニンさと華やかさ、
そしてきちんと感まで叶えてくれます。
自信を与えてくれるカシュクールを主役にして、
他のアイテムはシンプルに。

Tops / EFFE BEAMS
Skirt / Demi-Luxe BEAMS
Earrings / Demi-Luxe BEAMS
Ring / Fruitsjolie × Demi-Luxe BEAMS
Bag / THE ROW
Shoes / MANOLO BLAHNIK

EARTH COLOR / fall & winter

ふわふわニット×ツヤツヤスカートの
フェミニン度高めの組み合わせ。
足元はブーツで甘さを調整して。
首元と手首の肌は出るので、
足元に重さがあるぐらいが好バランス。

Tops / Room no.8
Skirt / Demi-Luxe BEAMS
Earrings / Demi-Luxe BEAMS
Bag / THE ROW
Shoes / SARIELA

EARTH COLOR / fall & winter

厚手素材のスカートはわたしにとって珍しいアイテム。
半袖ニットも〈AK+1〉だけは特別。
スカートとブーツがしっかり重ためな分、
それ以外は軽く、シンプルに。
主役を立てるには他は潔く削ぎ落とすのが正解です。

Tops / AK+1
Skirt / Demi-Luxe BEAMS
Earrings / Demi-Luxe BEAMS
Bag / THE ROW
Shoes / PELLICO

EARTH COLOR / fall & winter

ウォーミィーなニットには、とろみのあるシルクスカートを
合わせて、ほっこりしすぎないようにバランスを調整。
素材のギャップを中和する
レザー小物を合わせると落ち着きます。

Tops / BATONER
Skirt / LEE MATHEWS
Earrings / Demi-Luxe BEAMS
Bag / THE ROW
Shoes / SARIELA

EARTH COLOR / fall & winter

マントのようなシルエットのトップスは、
特別な雰囲気が纏えて気持ちが上がります。
リーンなタイトスカートとのバランスもいいので、
近年活躍しているアイテムのひとつ。

Tops / Demi-Luxe BEAMS
Skirt / Demi-Luxe BEAMS
Earrings / Demi-Luxe BEAMS
Ring / Fruitsjolie × Demi-Luxe BEAMS
Bag / FANE × International Gallery BEAMS
Shoes / PELLICO

EARTH COLOR / fall & winter

冬でもノースリーブが目黒流。
首から足元までしっかり覆えば、
屋内だったら食事も仕事も楽しめると思っています。
外は上に羽織る防寒アウターがあれば問題無し!

Tops / AK+1
Skirt / AK+1
Earrings / Demi-Luxe BEAMS
Ring / Fruitsjolie
Bag / THE ROW
Shoes / BRENTA

EARTH COLOR / fall & winter

特別な時に楽しみたいデザイントップスは、
得意なボトムスと合わせて。
Aラインのフェイクレザースカートで、無理なく、
自分らしく、新鮮なアイテムに挑戦します。

Tops / LEE MATHEWS
Skirt / Demi-Luxe BEAMS
Earrings / Demi-Luxe BEAMS
Ring / Fruitsjolie × Demi-Luxe BEAMS
Bag / gaspino
Shoes / Maison Margiela

EARTH COLOR / fall & winter

黒以外で惹かれるアウターは、
大好きなカーキグリーン。
モノトーンとも合わせやすくて重宝。
ボアなので軽くてあたたかく、
ちょっと遊び心も感じられて、活躍中。

Coat / HELLY HANSEN
Tops / Demi-Luxe BEAMS
Skirt / Demi-Luxe BEAMS
Stole / ASAUCE MELER
Ring / ARIANA BOUSSARD-REIFEL
Bag / THE ROW
Shoes / BRENTA

EARTH COLOR / fall & winter

キレイめなコーディネートに
相性が良くて重宝しているのが、ミリタリーコート。
ナイロン素材のジャケットは頼れるアウターのひとつ。
定番なので着回し力も抜群です。

Coat / BEAMS BOY
Tops / AK+1
Skirt / Demi-Luxe BEAMS
Earrings / Demi-Luxe BEAMS
Stole / AK+1
Bag / THE ROW
Shoes / PELLICO

EARTH COLOR / fall & winter

シンプルなスタイリングは、ふわふわの素材感と
レザーのツヤなど、素材のテクスチャーで盛り上げます。
地味色なのに華やかさを足せる
ティップスとしておすすめ。

Tops / Demi-Luxe BEAMS
Skirt / Demi-Luxe BEAMS
Earrings / Demi-Luxe BEAMS
Bag / MODERN WEAVING
Shoes / PELLICO

EARTH COLOR / fall & winter

黒とグレーのモノトーンスタイルに、
新鮮さを足してくれるアースカラーのコート。
インナーだけ薄手のカットソー素材で
すっきりさせるのがポイントです。

Coat / VONDEL
Tops / ATON
Skirt / AK+1
Earrings / jour couture
Stole / ASAUCE MELER
Bag / THE ROW
Shoes / SARIELA

EARTH COLOR / fall & winter

カーキのノースリーブニットは贔屓にしている
アイテムのひとつ。合わせる相手も、モノトーンから、
こんな感じのニュアンスベージュまで、
幅広く受け止めてくれる頼もしいアイテムです。

Tops / AK+1
Skirt / Demi-Luxe BEAMS
Earrings / Demi-Luxe BEAMS
Bag / FANE × International Gallery BEAMS
Shoes / PELLICO

OUTDOOR

海も山も。アウトドア好きの夫や友人と。

キャンプ歴は10年。
最初の頃は、アウトドアウェアも試行錯誤して
慣れない色ものも選んでいたけど、
なんだか落ち着かなくて。今は自分らしく、
普段通りの色使いで選ぶように。
アウトドアスタイルも自分らしいスタイルが見つかると、
ファッションの魅力も加わり、楽しさも倍に。
アウトドアに特化したウェアは
快適な素材や機能が多くて、その着心地の良さに驚かされます。
さらに自然に触れ、大好きなひとたちと
大いに飲んだり、食べたり、話したり。心地よさは最大に(笑)。
心も体もリカバリー出来るアクティビティです。

Cap / AK+1
Outer / Patagonia
Bottle / nalgene × Pilgrim Surf+Supply
Chair / CRAZY CREEK
Picnic sheet / Grabber
Sabots / SUBU × BEAMS
※上から

BETWEEN SEASONS

迷わない、季節の変わり目の着こなし

季節の端境期も、シルエットはIラインとAラインの2つ。
だから特別なことはなにもなく、いつもの基本アイテムに
羽織りものやストールなど体温の調整が出来るものを加えるだけ。
カラーも地味色のみ。1年中、迷わない、悩まない。

腕を通す瞬間、背筋が伸びる
感覚が好きな白シャツは、
実は最近仲良くなったばかりのアイテム。
G.W.や秋の行楽シーズンなどの
季節にもちょうど良く、仕事やきちんとした
席でも着られる万能さといったら。
もっと似合うようになりたい、課題服でもあります。

Shirts / AK+1
Tops / Demi-Luxe BEAMS
Skirt / Demi-Luxe BEAMS
Earrings / Demi-Luxe BEAMS
Watch / ROLEX
Ring / Fruitsjolie × Demi-Luxe BEAMS

毎シーズン、色やデザインなどで新しいものに挑戦することを心がけています。その中でもデニムシャツは、
いちばん新しい更新アイテム。着る度に馴染んでいき、育てていく感覚が醍醐味。Gジャン感覚で着られるこの1枚は
新定番になりそう。エディター坪田あさみさんのセンスと想いが感じられるところもお気に入りポイントです。

Shirts / ASAMI TSUBOTA × woadblue × Demi-Luxe BEAMS　Tops / Demi-Luxe BEAMS
Skirt / ASAMI TSUBOTA × woadblue × Demi-Luxe BEAMS　Glasses / OLIVER PEOPLES　Earrings / Demi-Luxe BEAMS

天気も気温も安定しない日は、
全身黒で心を落ち着かせることが多いです。
ややシアー感のある素材を取り入れて、
さりげない変化を楽しんだり、
インパクトのあるアクセサリーやメタリックバッグ、
タビシューズなど、個性のある
ディテールを差し込んだりして、
たとえ悪天候の日でも気分をしっかり盛り上げます。

Tops / Demi-Luxe BEAMS
Skirt / Demi-Luxe BEAMS
Ear cuff / MARIA BLACK
Earrings / Demi-Luxe BEAMS
Watch / ROLEX
Ring / Fruitsjolie × Demi-Luxe BEAMS
Bag / Ray BEAMS
Shoes / Maison Margiela

この時期、大判のストールはいつも
サブバッグの中に入れて持ち歩きます。
合わせるのはトップスと同じ色を。
わたしの場合は黒とグレー、
2枚のストールに支えられています。
適当に巻いても様になってしまう
〈ASAUCE MELER〉の
この大判ストールは
ボリュームとフリンジの程良さが
お気に入りです。

Stole / ASAUCE MELER
Tops / AK+1
Skirt / Demi-Luxe BEAMS
Earrings / Demi-Luxe BEAMS
Bracelet / PHILIPPE AUDIBERT
Bag / FANE × International Gallery BEAMS

数年前は気付いていなかったのが、ジャケットはアウターでもあること。
今では厚着が苦手なわたしにとって、すっきり着られるジャケットは強い味方です。
そろそろジャケットを着たいなと思うのは、まだ少し寒いけど、日差しは春めいてさわやかな出会いの季節。

Jacket / Demi-Luxe BEAMS Tops / AK+1 Skirt / AK+1 Earrings / Demi-Luxe BEAMS
Ring / Fruitsjolie Bag / gaspino

移ろう季節にだけ登場する
シルクのロングスカートは、
着るのが楽しみなアイテムのひとつ。
ひらめく繊細なテクスチャーは、
カットソー素材と合わせると
デイリーに着こなしやすいバランスに。
ロング&リーンなアイテムどうしで
Iラインを完成させて。

Tops／ATON
Skirt／LEE MATHEWS
Earrings／Demi-Luxe BEAMS
Ring／Fruitsjolie
Bag／THE ROW
Shoes／Demi-Luxe BEAMS

SWIMWEAR

水着も地味色が基本です。

10代の頃にはいちご柄の水着を着ていたことも良い思い出(笑)。

夏だから、海だから、と浮かれた色を

選んできた時期もありましたが、

今着たい水着はやっぱり、わたしらしい地味色カラー。

日焼け止めは欠かせませんが、太陽の下は大好き。

キャップやオーバーサイズシャツを合わせて

夏の週末は夫や友人と海へ向かいます。

気の合う仲間と季節を思いきり楽しむことも

ファッションを楽しむことに繋がっている気がします。

Black Bra / jonnlynx
Black bottom / TAARA
Olive swimwear / PROTAGONISTA
Cap / No brand
Shirts / Demi-Luxe BEAMS
One-piece swimwear / Uniqlo U
Sunglasses / BLANC
※左から

CHAPTER 03 DRESS UP STYLE

特別な日の目黒流地味色ドレスアップ術

結婚式やお呼ばれの席、ホリデーシーズンのパーティーなど、

ドレスアップする場面ではブラック一択になります。

参加する席に主役がいるなら、わたしは黒子役。

イベントなら、その趣旨に沿った装いに。

華やかさはあるけど、派手さは不要。

わたしらしく、その場にふさわしい着こなしを考えます。

もちろん、ドレスアップでもシルエットはIラインかAライン。

基本はいつも変わらないのが目黒流スタイルです。

Illustration by Etsuko Meguro

DRESS UP STYLE

「遊び心と高揚感を持った大人のリアルクローズ」という
テーマに共感して、ワードローブにもいつの間にか
増えているブランド〈CINOH〉は、ドレスアップでも活躍。
ショルダーのパールが顔周りに華やぎを加えます。

Dress / CINOH × Demi-Luxe BEAMS
Ring / ARIANA BOUSSARD-REIFEL
Bangle / MASATO INOUE
Bag / THE ROW
Shoes / MANOLO BLAHNIK

DRESS UP STYLE

わたしにとっては珍しい袖ありワンピースは、
肌の露出を控えたいフォーマルな席用に。
華奢な小物をプラスして、よそゆきの顔に仕上げます。
オケージョン向きの上品なデザインのワンピースですが、
合わせる小物次第ではデイリーにも着られるストレッチ素材。

Dress / EFFE BEAMS
Earrings / Demi-Luxe BEAMS
Watch / ROLEX
Ring / ARIANA BOUSSARD-REIFEL
Bag / THE ROW
Shoes / Rupert Sanderson

DRESS UP STYLE

夏のドレスアップにおすすめしたいリネンのセットアップ。
リゾート先のディナーなどでも活躍します。
リネンならではのリラックス感のある風合いと、
パールアクセサリーや高めヒールの
対照的な組み合わせを楽しめるって大人ならではだと思います。

Tops / Demi-Luxe BEAMS
Pants / Demi-Luxe BEAMS
Necklace / gren
Earrings / Demi-Luxe BEAMS
Watch / ROLEX
Ring / Fruitsjolie
Bag / THE ROW
Shoes / MANOLO BLAHNIK

DRESS UP STYLE

テクスチャーにしっかり存在感があるトップスも、
モノトーンに身を任せて、照れずに華やかさを満喫して。
日常でなかなか着ない素材を着る感覚って、特別でワクワクします。
トップスにインパクトがあるので、
ほかはすっきりコンパクトにまとめて。

Tops / EFFE BEAMS
Skirt / Room no.8
Earrings / jour couture
Bracelet / Demi-Luxe BEAMS
Bracelet / MASATO INOUE
Bag / THE ROW
Shoes / NEBULONI E.

CHAPTER 04

HOLIDAY STYLE

休日スタイルは別人格です。

仕事の場面ではいつの間にか、すっかり
デニムやパンツを穿かなくなりましたが、
実はどちらも大好きなアイテムなんです(笑)。
オフィスがある原宿ではいつもロングスカートのわたしも、
地元の葉山周辺で過ごす休日はパンツを穿いて過ごします。
装いの切り替えが、心の切り替えにもなっているかもしれません。
そして、休日に穿くデニムやショートパンツが
体型維持のバロメーターにもなってくれる。
仕事のときの自分も、休日を過ごす自分も
前向きでいられるためのちょっとしたスイッチです。

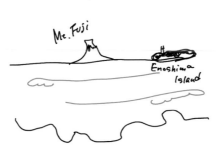

Sea and Sky

Mt. Fuji

Enoshima Island

Illustration by Etsuko Meguro

HOLIDAY STYLE

秋冬の休日に増える全身ブラックコーディネート。
歩きやすいサイドゴアブーツは足元にボリュームが出るので、
身体にフィットするタートルネックニットとストレートの
ブラックデニムですっきりとしたバランスに。
シルバーのエコバッグを持って、近所を散策します。

Tops / Demi-Luxe BEAMS
Pants / SERGE dodo bleu
Glasses / OLIVER PEOPLES
Earrings / Demi-Luxe BEAMS
Bag / Ray BEAMS
Shoes / SARIELA

HOLIDAY STYLE

オーバーサイズのシャツをワンピース代わりに。
旅先でもよく着る定番コーディネートです。
旅先では一日20km歩くこともあるアクティブ派なので、
身体が泳ぐビッグシャツ1枚の着こなしは本当に快適。
ウエストバッグとスニーカーで、とにかく軽快に。

Shirts / Demi-Luxe BEAMS
Shorts / patagonia
Earrings / Demi-Luxe BEAMS
Bag / NOMADIS
Shoes / CONVERSE

HOLIDAY STYLE

真夏のビーチサイドスタイル。
華奢なノースリーブ&ショートパンツといった
20代からずっと好きなスタイリングに、
今はシャツをプラスするのがお気に入り。
サンセットタイムの少し肌寒くなった
時間に羽織るリネンシャツの気持ち良さといったら!

Shirts / Demi-Luxe BEAMS
Tops / Demi-Luxe BEAMS
Shorts / THE NORTH FACE
Earrings / Demi-Luxe BEAMS
Bag / Les vacances d'Irina
Shoes / genbei

HOLIDAY STYLE

わたしの場合、デニムを穿くのは休日だけの楽しみ。
とくに春先に穿きたくなるのがブルーデニムです。
自分の身体に合う1本を見つけると体型確認も兼ねられて便利。
トップスは華奢なニットキャミソールにスウェットを肩にかけて、
ヘルシーな肌見せを楽しんで。

Sweatshirts / AK+1
Tops / Demi-Luxe BEAMS
Pants / VONDEL
Earrings / Demi-Luxe BEAMS
Bag / THE NORTH FACE
Shoes / OOFOS

HAIR STYLING

目黒流ヘアは一択です。

なんと15年変わっていないヘアスタイル(笑)。

わたしと言えば、このお団子ヘアです。

カラー、カット、崩し具合は、自分なりにアップデートしています。

よく質問をいただくヘアサロンでのオーダーですが、

カラーはアッシュ系がベースで、たまにメッシュを入れています。

カットはギリギリお団子ヘアが出来る長さでアレンジしやすいように。

セットは〈CREATEs〉26mmのコテで

頭頂部を持ち上げるように巻き、毛先も軽くカールをつけます。

毛先にワックスやヘアバターをなじませたら、ささっとお団子ヘアに。

仕上げに、後頭部やサイドの後れ毛を引き出して整えて出来上がり。

01

02

03

わたしのライフスタイルを公開します。

わたしの毎日は、都会の東京と海のある葉山を
行き来している日々で出来ています。
気持ちの切り替えが出来るこの生活スタイルが
いまのわたしに合っているようです。
ここでは、そんな毎日の食事、健康、美容から
リフレッシュ＆リラックス方法まで、
あらゆる「こと」や「もの」をご紹介。
仕事以外のプライベート時間は
家族の時間、友人や同僚とのホームパーティー、海、キャンプ、
旅、メンテナンスなどの予定を入れていますが、
誰かと一緒にいられる時間と、ひとり時間、
どちらも同じくらい大切にして過ごします。

Latte

Home

flower

Green

Glasse

Illustration by Estuko Meguro

MY HOME

葉山の家では夫とモネ（チワワ）との2人と1匹暮らし。
友人もよく訪ねてくる我が家では、
気取らず無理せず、自分たちらしい時間を過ごしています。

オーダーメイドでつくったチェストには、ギフトでいただいたものや、ハワイや益子など旅先で購入したものを並べています。目につくところに、いい思い出があるのって嬉しい。

我が家の玄関はこんな感じ。アートは夫の趣味です。ドライフラワーは、〈BEAMS LIGHTS〉の撮影で使用したものをいただいて、飾ってみたらここにぴったり。

我が家に来る数々のお客さまが沈んだ〈TRUCK FURNITURE〉の「FKソファ」。わたしもベッドに辿り着く前に、よくここに沈んでしまいます(笑)。

とくに夏は来客が多い我が家。遠くまで来てくれるみなさまに感謝です。こんな感じでキッチンでワイワイ。夫が手料理をふるまいます。わたしは飲む専門(笑)。

平日はハイボール、休日はワインと決めています。休日に小さなワインセラーの前で何を開けようか考える時間が好きです。ストックが2本を切るとソワソワ(笑)。

はい、わたしのではありません。料理を担当する夫のコレクション。眺めるのが好きなコーナーです。いつか使いこなせるようになりたいものです。

現在2歳のチワワ、モネちゃん。1kg。義理の妹さんより譲っていただいた、わたしたち夫婦の最大の癒し。かわいくて、かわいくて。海辺の散歩も楽しい日課に。

6年前に家を建てるときにこだわった土間の広さ。キャンプ道具やスーツケース、海グッズなど、遊びも本気の我が家のあらゆる道具をここに収納。

MY TRIP

旅行が好きです。
長めのお休みを見つけると国内外問わず、旅行に出かけます。
プランもリサーチも担当は夫。いつも本当に完璧です(笑)。

ヨーロッパ

フランス、スペイン、イギリスへ。食や観光、現地の乗り物も旅の醍醐味。

新婚旅行で行ったパリは買い物も食事も最高。昼も夜も
それぞれにきれいなエッフェル塔は、いつ見ても気持ちが
キラキラします。東京タワーとともに好きなスポットです。

バルセロナからパリへの移動で利用した寝台列車
「Renfe」。食堂車でのディナーはロマンチックな雰囲
気で、まるで「世界の車窓から」の世界。良い思い出。

再訪したいバルセロナ。サグラダ・ファミリアも感動し
たし、公園や美術館など芸術が溢れていてビーチもあ
る。バルもたくさんあって、食もお酒も好み。

イギリスはロンドンから車で世界遺産を巡りました。
Manolo Blahnikが住んでいたという三日月状に立ち
並ぶザ・ロイヤル・クレッセントは印象的。

アジア

30代によく行っていたパワフルな東南アジア。魅力がいっぱいです。

ラオスのルアンパバーンへ。時間がゆっくりと流れている、穏やかできれいな街。教科書で見ていたメコン川や美しい寺院を間近に見て感動を覚えました。

バンコクとチェンマイの移動間では寝台列車に。ホームに流れる人々にワクワクしたり、都会の喧騒から離れていく、なんともいえないトリップ感が列車旅行の魅力です。

マレーシアのクアラルンプールにて。一時期、ロンドンやバンコクのトランジットでよく立ち寄っていた街。暑くて暑くて、甘ーいチャイが沁みました。この形態もいい。

カンボジアのアンコールワットへ。まるでフェス！？と思う程に混んでいました。その他にも手つかずの遺跡がたくさんあって、リアルに歴史を肌で感じた場所。

台湾

朝も夜も楽しめる台湾。年に1回以上、お邪魔したいところです。

3年ぶりに3泊旅行で訪れた台湾。毎晩通ったほど大好きなガチョウ肉のお店「阿城鵝肉」。並ぶので早めの夜ご飯に。ビールと一緒にいただきます♡

朝ご飯の定番はB級グルメの有名店「今大魯肉飯」の魯肉飯（ルーローファン）。香菇排骨（しいたけスープ）はわたし的マストです。

ランチで行くことが多い「阿栄羊肉飯」。茶碗サイズくらいの多すぎない量でサラサラと食べられます。台湾バジルもたくさん入れて、爽やかなテイストに。

「阿栄羊肉飯」に行ったら、必ず寄りたい「黄家香腸」。炭火で焼かれた焼き立てソーセージを食べ歩く用と、帰ってからおつまみにする用に2本以上買います。

京都

最近住みたくなってきたほど好きな京都。年2回ペースで定期的に訪問。

必ず予約して行く「糸仙」。初めて食べた時は透明な酢豚に感動しました。シンプルで美しい。京都滞在中は中華が多め。

京都駅近くの「殿田食堂」。京都到着後か帰る前に必ず寄る、うどん屋さんです。きつねうどんにネギとあんをかけた、ここでは「たぬきうどん」と呼ばれる一皿をいただきます。

京都では1日、20km歩くことも。途中、立ち寄ることの多い今宮神社名物の「あぶり餅 一和」は創業1000年超え。甘塩っぱいお餅を頬張ると、京都に来たことを実感します。

ちょっと長めの散歩をして立ち寄る太秦の「Maenota」。大好きなヴァン・ナチュールが動いた体に沁みます。近所だったら豊富なワインセラーから2本は持ち帰りたいくらいです。

MY ROUTINE

わたしの心を整えてくれて、1日を始める
スイッチになってくれるルーティンたち。夜はバタバタしているので、
朝の時間をていねいに過ごすようにしています。

海への散歩が日課です。大きく深呼吸ができて、心身
共にリフレッシュできる大切な時間と場所です。富士
山が見える日は、ラッキーな気持ちに。

いま続けている、朝ごはん置き換えダイエットのソイプロ
テイン。始めてから体がスッキリした気がします。飽きない
味で、無理せず継続中。わたしには合っているようです。

朝は、ラジオ派。J-WAVE「おはようモーニング」の別所
さんの声が定番。金曜はカピラさんの声を聞くと週末ま
であと1日！と嬉しい気持ちに♪

朝いちばん最初にするのは、白湯を飲むこと。体の中の
悪いものが流れてくれる気がするし、冬はじんわり温ま
ります。きっかけは、叶姉妹の美香さんの影響。

MY ADDRESS

質問をいただくメンテナンスのサロンや
よく行くお気に入りのレストランなど、
定期的に行くアドレスをご紹介します。

行きつけのヘアサロンは「ワクナ」。担当は佐伯さ
んです。まとめ髪をつくりやすいカットと、白髪と上
手く付き合えるカラーを提案してもらっています。
Instagram：@wakuna_hair

お気に入りイタリアン「オステリア コマチーナ」。美
味しい美味しいワインとアラカルトメニューをいた
いたら、いつもよりさらにご機嫌になります。
Instagram：@osteriacomacina

表参道「JOTE」でフットネイルを。プレスの同僚のご友
人を紹介いただき、安心してお任せしています。きれい
な仕上がりで足元を見るたびニンマリ。
Instagram：@jote.jp

ヘッドマッサージ＆フェイシャルは、元ビームス ス
タッフだったりかさんにお世話になっています。顔ま
わりの凝りトラブルが改善、フェイスラインも整うんで
す。Instagram：@parafuse.rika.tokyo

MY FOOD BY HUSBAND

我が家の料理担当は、100%夫です。
ホームパーティーでは、コース仕立てから鉄板系、手巻き寿司などなど。
平日に偏りがちな栄養を、休日におうちで補っています。感謝。

ルッコラと豚バラのしゃぶしゃぶ。来客時も二人のと
きもよくつくるメニュー。自家製ごまソースかポン酢
で。ルッコラの代わりにレタスやきゅうりになることも。

秋が旬のいちじくのサラダ。新鮮なルッコラに塩を振
り、胡椒を挽いて、ビネガーを入れる。最後にオリー
ブオイルを回しかけて、手でふわっと混ぜて完成。

はまっている鎌倉のルッコラを使ったサラダのベーコ
ンバージョン。程よくパンチがあって美味しいです。
つくり方は、いちじくのサラダとベースは一緒。

サーモンポキ。サーモン・エビ・とびっ子・玉ねぎに、シ
ラチャーソース、マヨネーズを1:1で和えます。最後に
醤油を数滴入れて出来上がり。好きなおつまみ！

タコ飯。出汁と薄口醤油で炊くだけ。地蛸が手に入った
ときに。ほかに、とうもろこしごはんやあさりごはんなど
も登場します。〈Vermicular〉の鍋を長く愛用♪

夏は愛媛の河内晩柑のサラダ。農家の方から直接買っ
ている愛情がたっぷり詰まった柑橘です。サラダ好きの
我が家にとって、旬のものは季節の便りです。

我が家の定番、トマトのサラダ。冬以外に常備している
トマト。甘いフルーツトマト（硬めがなおよし）を箱買い
しています。ルッコラのサラダは年中食べています。

牡蠣のオイル漬け。オリーブオイルとオイスターソース
で炒めて、ローリエ・ニンニク・胡椒・唐辛子と和えたら
オリーブオイルで1日以上寝かして出来上がり。

MY BEACH DAY

友人やご近所さんと、夫と、ひとりでもよく行く海。
お気に入りの海グッズを持って出かけます。我が家に大人数を
招いた時は、食後にみんなでわいわい海へ行くのが楽しいんです。

ハワイで購入したノーブランドのビーチバッグ。防水タイ
プで自立型なので、気兼ねなく大活躍しています。なん
だかパンダみたいなルックスも愛しくて、大切に愛用中。

こちらもハワイで購入した〈YETI〉のタンブラー。シンプ
ルで大容量。保冷力に優れているので、この中にキンキ
ンに冷やしたお水か台湾茶を入れて持っていきます。

〈SEATTLE SPORTS〉のフロストパックは軽くて便利。
保冷と飲料を兼ねた凍らせたウォーターボトルを入れ
て、ビールやワインを美味しい状態で楽しみます。

〈SEATTLE SPORTS〉のビーチトロリー。海に行く時
のタープやクーラーはすべてこちらに乗せて。海グッズ
は、〈Pilgrim Surf+Supply〉でみつけることが多いです。

10年は使っている〈THERMOS〉の保冷缶ホルダー。これに缶ビールを差すと、ずっと冷たいままで最高！ 海だけでなく、キャンプから家まで、夏に手放せないアイテム。

〈Coleman〉のフォールディングチェアは、一人で海に行くときも軽くて持ちやすいので愛用しています。こちらも、山でも海でも活躍してくれます。

〈NEMO〉のタープは、愛用2年目。以前は黄色いタープを使用していましたが、昨年からアースカラーのタープに変更。やっぱり地味色は落ち着きます(笑)。

海の家が無いオフシーズンは、ビーチにワインを持ち込んで。夕暮れ時のワインは癒されます。ひとりワインも好きだし、みんなとの乾杯も好き。どちらもいい時間です。

SNEAKERS

目黒流スニーカーセレクト

通勤と休日に活躍させているスニーカー。
ここ数年の春夏は〈NIKE〉の
「エアリフト」ばかり履いています。
サンダル感覚で履けるきれいめスニーカーとして、
スニーカー初心者にもおすすめ。
わたしのスタイリングにもしっくり馴染むんです。
シンプルなデザインなので、通勤、ロケ撮影、休日まで
オールラウンダーな活躍ぶり。
オールブラックとモノトーンの2足を履き分けています。
冬は〈CONVERSE〉の
「オールスター」ハイカットがいま再燃中。
こちらはショートブーツ感覚で合わせれば、
コーディネートも悩みません。

Sneakers / NIKE
Sneakers / CONVERSE
Sneakers / NIKE
※上から時計回り

WINTER LOOKS

真冬の目黒はこうなります。

冬のスタメンはタートルネックニットと地味色アウター。
実は、40歳手前で得意になってきたタートルネックのアイテムは、
IラインやAラインのシルエットもうまくいきます。
アウターは、すっきり見えるノーカラーで地味色をチョイス。

包みこまれるようなリラックスムードが
魅力のビッグタートル。
メンズライクな印象になりがちなグレーは、
耳元のアクセサリーやリップ、ネイルで
女性らしいバランスを取るのがコツ。
スカートもツヤ素材を合わせます。

Tops / SLOANE × Demi-Luxe BEAMS
Skirt / AK+1
Ear cuff / MARIA BLACK
Earrings / Demi-Luxe BEAMS
Bag / THE ROW

ジャケット＋大判ストールぐるぐる巻きのスタイルは、真冬直前まで活躍しているスタイル。
なるべくギリギリまでコートを羽織らずに、身軽に過ごしたくて。
インナーにはあたたかいタートルネックやレギンスをしっかりと忍ばせます。

Jacket / Demi-Luxe BEAMS Skirt / THE HANDSOME
Stole / ASAUCE MELER Bag / MODERN WEAVING Shoes / Maison Margiela

オールブラックの時には、
カーキのコートを羽織ってみたり。
モヘアニットにフェイクレザースカートの
異素材を組み合わせた着こなしは、
重ための装いが増える冬に最適です。
黒アウターだと決まりすぎちゃうので、
わたしらしくカーキでゆるりと。

Coat / VONDEL
Tops / Demi-Luxe BEAMS
Skirt / Demi-Luxe BEAMS
Ear cuff / MARIA BLACK
Earrings / Demi-Luxe BEAMS
Bag / THE ROW
Shoes / PELLICO SUNNY

寒い冬も、大好きな色やアイテムを
取り入れると心が踊ります。
モノトーンの着こなしなら
フラットになりすぎないように
アクセサリーでスパイスを効かせて。
アウターは着たり脱いだりが多いので、
バッグはアウターの
下に持つのが、ちいさなこだわり。

Coat / CINOH
Tops / Demi-Luxe BEAMS
Skirt / AK+1
Earrings / Demi-Luxe BEAMS
Bag / THE ROW
Shoes / PELLICO SUNNY

SKIN CARE

スキンケアは朝重視

夜はお酒を飲んじゃうのでスキンケアは必要最低限(笑)。
そのかわり、朝にしっかり時間をかけてケアしています。
起きたらすぐシートマスクをしながら、洗濯などの家事を。
その後にローションで丁寧に保湿して、
美容液をつけたら朝用クリームでマッサージ。
雨の日は気分を上げるために、キャンドルの香りで
しっかり深い呼吸をすることも最近のマイブーム。
ヘッドマッサージやカッサを使ったり、
ながらストレッチをしたり。早起きをして、1日の始まりに
その日の土台をちゃんとつくる、大切な時間です。

Sheet mask / VT COSMETICS
Face lotion / Stem Beauté
Booster gel / Stem Beauté
Serum / AMRITARA
Candle / abSalon
Cream / KANEBO
Scalp brush / uka
※左から

目黒流スタイルが出来るまで

目黒流スタイルが完成するまでのクロニクル

1983	山梨県北杜市にて、 4人兄弟の長女として誕生。 マクロビオティックの家庭で育つ。 (いま健康なのはこのおかげかも)
1989	小学校入学。 家から徒歩1時間かけて通学。 おかげで足腰が強く、長距離走やマラソンが得意な日焼け女子に。
1995	中学はバスケットボール部。ポジションはフォワード。 当時洋画をよく見ていて『SCREEN』や『Cut』を愛読。 ブラピ、キャメロン・ディアス、ベネロペあたりが好きでした。
1998	高校では、女子10人くらいで原チャリを乗り回していたのが良い思い出(笑)。 くだらないことで笑い転げ、恋だのオシャレだのコンプレックスだの、若いなりの悩みを昼夜問わずいろんな話を共有した友人たちはいまも集う大切なひとたち。 ファッションやメイクへの関心はこの辺りから。チビTとかスキニーをこの頃着ていました。『mini』、『Zipper』あたりの青文字系雑誌を愛読。
2001	はじめての一人暮らし。(5畳で家賃5.5万円のおうち) 文化服装学院スタイリスト科入学。 刺激的な同級生と出会い、いまはプレスルームで会うひとも。 好きな場所は学校の図書館室。国内外のファッション誌をひたすら読みました。 海外のSNAP企画も好きで、素敵なスタイルを見ては考察。 当時は『装苑』が学生に毎月配布されていて読み込んでいました。
2005	「BEAMS」に中途入社。仕事も遊びも全力で真剣に楽しむ先輩・同期に囲まれて、楽しく働く毎日。この頃からどんどんお酒が強くなったような? 新宿、池袋の店舗に配属。お客様と話している時間がいちばん好きで、「好きを仕事に」できている実感があって楽しい記憶ばかり。スタイリスト川上さんに出会ったのもこの頃。

2011	〈Demi-Luxe BEAMS〉ディレクターに。身に余る職をいただいた28歳の頃。力不足を痛感し、どうしようか迷っても何も解決できなかった悩み期。
2012	ひとまわり年上の夫と結婚。
2013	30歳で、「デミルクス ビームス 横浜」ショップマネージャーに。 ここでの5年間でたくさんの出会いがあり、一生懸命になれることがたくさんありました。泣いたり笑ったり感情豊かに、良い経験ができたのが今も糧になっています。このときは「地元で愛されるお店」を目指していました。いまも通ってくださっているお客様のお話や、イベントでお会いできる機会もあることは、わたしの励みや支えです。
2018	35歳。スーパーバイザー(エリアマネージャー)に。横浜・北千住・新宿・新潟・金沢の店舗を担当。 半期に2回の出張と各店舗臨店は、また出会いに恵まれて学びが多い2年間に。
2020	突然のプレス異動。転職並みの仕事内容の違いと必要なスキルの違いに泣きながら帰宅する時も(笑)。異動のおかげで関わる世界がぐっと広がり、新しい知識と経験が得られること、ファッションの最前線で活躍されている方のパワーをいただきながら、今まで携わってきた愛着のあるブランドの良さを広く知ってもらえる活動ができていることがやりがい。〈AK＋1〉ディレクター亜希さんやエディター三尋木さんとご一緒できていることも夢のようです。
2022	Instagramを本格的に稼働。当初は自分がSNSを通して届けられるものは何かを考えて毎日寝不足に。その後、2ヶ月の間にフォロワーが2,000人から40,000人へ(驚)!感謝でいっぱいです。新宿や池袋、横浜で出会ったお客様からご連絡を頂いたり、繋がりが圧倒的に増えて大切なコミュニケーションツールに。
2023	40歳。〈Demi-Luxe BEAMS〉から目黒オリジナルライン(.M)がスタート。書籍発売。

わたしが尊敬してやまない憧れの女性たち

目標にできる憧れのひとがいると、
自分も日々を前向きに生きられると思います。
わたしがスタイルや姿勢、目に見えない部分でも
影響を受けている憧れの女性3名との対談が叶いました。
会うと心が元気になったり
気持ちがやわらかくなったり、
ホッとしたりと、魅力的な方ばかり。
自分を知っていて自然体、
気取っていなくて笑顔をくれる
品があって素敵な女性たち。
出会いやご縁って、刺激や学びをくれるから
これからもずっと大切にしたいものです。

Illustration by Etsuko Meguro

AKI × Etsuko Meguro

服をつくるということ

目黒 亜希さんがディレクションする〈AK+1〉が誕生して今年で10周年。わたしはいまプレス担当として関わっていますが、ブランドスタート時は横浜のお店にいました。発売すぐから問い合わせがとっても多くて、スタッフと一緒に驚いたのを覚えています。しかも素敵なお客様が多いのも印象的でした。

亜希 素敵なエピソード、ありがとうございます。

目黒 毎日お客様が〈AK+1〉のコーナーに吸い込まれていって、嬉しそうに手にとる姿を見て、服が持つ力ってあるんだなって感じていました。その後、わたしがプレスに異動して亜希さん本人にお会いしたら、なるほど！とすごく納得してしまって。明るくて愛が溢れていて、携わる制作チームも皆さん真剣で、そのムードが服にも伝わるんだなとわかりました。

亜希 そう感じてもらえて、すごく嬉しいです。そして目黒ちゃん、書籍発売、おめでとうございます。読むのが楽しみ！

目黒 書籍の中でも私物の〈AK+1〉の服がいっぱい出てきます(笑)。わたしもいま、〈Demi-Luxe BEAMS〉から目黒オリジナルラインがスタートしたので、亜希さんみたいな服づくりができたらいいなと憧れています。秘密があったら教えて下さい！

亜希 ありがとう。〈AK+1〉10周年、早かったんです。10年前といまでは、服づくりへの考え方は確実に変わってきていると思う。以前はわたし自身がモデルとしてメディアに出ていたので、服の力というより、ファンの方たちの力が強かった気がします。この10年て、そんな簡単な10年じゃなくて。いろい

亜希

2児を出産後モデルとして復帰し、女性誌や広告で活躍。ファッションのみならず、明るくかざらない人柄が幅広い層の女性に支持を得ている。息子達につくり続ける豪快な家庭料理はメディアでも話題に。SNSやYouTube「亜希の母ちゃん食堂」で配信している。2011年には第4回ベストマザー賞文化部門を受賞。〈AK+1〉ブランドディレクター。

ろな出来事がある中で潔くモデルをやめる決断をしたり、仕事や社会との関わり方が大きく変わったりと、人生の中の足し算や引き算が本当にたくさんあったの。そうこうしながらやっと、〈AK+1〉を選んでくれる方たちが、「亜希さんのファン」というだけでなく「服のファン」になってきてくれてる気が少しずつしてるかな。

目黒 たしかに亜希さんを知らずに〈AK+1〉を買ってくれている方も増えてきました。

亜希 わたしがビジュアル撮影でモデル出演をしないと決めた時は、「亜希さんが着ないと売れない」っていう声もあったから、最初はすごく不安だった。でもいま、逆に人気が上がってきて、本当に安心してる。だからいまの〈AK+1〉には、服に力があるって堂々と言えます。

目黒 確かに〈AK+1〉も進化してきて、どんどんまわりに愛されているブランドに成長していると感じます。

亜希 わたしの服づくりに対する気合いも確実に変わった！　最初は「お手伝いさせてください」という感覚だったけど、いまはもう「ついてこいよ」という気持ち(笑)。

目黒 気合いが違いますね(笑)。亜希さんの中で、服づくりのインスピレーションはなんですか?

亜希 車の窓から見えるひとたち。毎日車を運転するんだけど、移動中に目にする工事現場で働くひとたちや仕事に向かうひとたち。きれいに飾った夢の世界より、生々しい現実の方に刺激を受けます。わたしはあまりファッション誌を見ないのだけど、現実世界にはいろんなヒントが潜んでいるので、そこから着想を得ることは多いです。

目黒 同感です。そして〈AK+1〉の色選びも好きです!

亜希 最初の頃はサービス精神で様々な色を出さないといけないかなと気を使っていたんだけど、自分が素敵だなって思う色って結局一緒なんだよね。だからいまは、自分の気持ちにフィットする色だけを選んでいるかも。変に頑張らなくていいと気づいたら、好きなニュアンスカラーや絶妙なくすみ色が定番になってきました。そして、かたちは立体的に見えることが絶対大切!

目黒 立体的に見える服へのこだわりも知りたいです。

亜希 歳を重ねてくると、服が似合わなくなってきたり、服を考えるのが疲れたりすることってあると思うの。だけど〈AK+1〉では、1枚ささっと着るだけで、大人の変化してきたボディを自然にきれいに見せてくれるような立体的な服を意識してる。そうじゃないと、年齢を重ねた大人のからだには難しいから。だから、「〈AK+1〉を着るとなんか元気が出る」って言ってくれるひとがいると最高に幸せ。この前のイベントでは、「〈AK+1〉を着ると誰かに会いたくなる」って言われて、ああ、このブランドはすごく成長したなって感じて、とても嬉しかった。

目黒 だれかを救えてるってすごいことですね。服が持つ力の最上級だと思います。目黒オリジナルラインも、そんなふうに思っていただけるように大切に届けていきたいです。いつも大切なことに気づかせてくださり、ありがとうございます。

Naho Mihirogi × Etsuko Meguro
自分らしいベーシックスタイルとは

目黒 三尋木さんのことはショップスタッフ時代からよく知っていて、素敵な方だなと憧れていました。10年くらい前から〈Demi-Luxe BEAMS〉とコラボレーションしていただいたり、あらゆる取り組みがあったりで、ブランドとしては大変長くお世話になっています。

三尋木 10年前のコラボ、懐かしい! たしかコラボアイテムは膝丈のタイトスカートでしたよね。時代を感じる(笑)。

目黒 はい、それまさに買って穿いてました(笑)。わたしのタイトスカート好きは三尋木さんの影響もあると思います。

三尋木 ありがとうございます! 直接会うようになったのはいつ頃かな?

目黒 お仕事でご一緒するようになったのは、わたしがプレスに異動してからです。『大人BEAMS』という企画で、毎シーズンお会いするようになって、本当に嬉しい限り。ずっと憧れの方で、三尋木さんの書籍も2冊とも読んでいました。きれいめなベーシックスタイルにあそこまで真正面に向き合っていた本はなかなかなくて、かなり印象に残っています。とくに三尋木さんのスカートスタイルにはかなり影響を受けたと思います。

三尋木 目黒さんのパンツ姿、見たことないです!

目黒 三尋木さんコラボのスカート、本当にお気に入りだったんですよ。きれいめに仕上がるスカートスタイルの魅力に改めて気づかされました。当時は着ていると、お客様にもたくさん褒めていただきました。

三尋木 ピシッとしたきれいめのタイトスカートでしたよね。

三尋木奈保

大学卒業後、メーカー勤務を経てファッションエディターに。著書『My Basic Note:ふつうの服でおしゃれな感じのつくり方』は2冊累計18万部のロングセラー。現在は雑誌編集のほか、アパレルメーカーとつくるコラボ商品も毎回大人気で売り切れ続出。神奈川県・横浜出身。

目黒 そうです！ あと直接会うようになって驚いたのが、三尋木さんの人柄。ベテランのエディターで、とてもお忙しいはずなのに、いつ会っても柔らかい穏やかな雰囲気で。すっかりファンになってしまいました(笑)。わたしもそうありたいなと思っています。

三尋木 いつも優しく褒めてくれてありがたいです(笑)。

目黒 自分の仕事柄、きれいめな装いは心がけているのですが、その理想形が三尋木さんのベーシックスタイルだったんです。いつも変わらない軸がありながらも、会う度に着こなしが更新されているところも尊敬しています。

三尋木 恐れ入ります(笑)。わたしは今回、目黒さんの書籍の内容を聞いて、もうびっくりしました。アイテムも色も迷いがなさすぎて、潔すぎて、もう天才！と思った(笑)。すごく自分のことを知っているってことよね。それってすごいこと。この業界って、みんなトレンドやまわりを意識しがちなのに、目黒さんは全然焦らず、自分の心地よさを探求していて本当に素敵です。若い頃からそうだったの？

目黒 いえ、全然。若い頃はTシャツも着ていたし、柄物も着ていました。髪型も色々やって、もう試行錯誤(笑)。働きながら考えては実験して、少しずつたどり着いた感じです。

三尋木 そのたどり着いた答えが、全部似合っているんだからすごいよね。まわりに流されず、自分のことを俯瞰で見えている証拠よね。わたしもスカートが好きだったり、きれいめが好きだったり、目黒さんと共通している部分は多いと思う。ひとがトレンドの

ものを着ていてかわいいなと思っても、自分に置き換えると違うことが多くて。いくら穴の開いたデニムや、ゆるっとしたTシャツが素敵に見えても、自分が着たらソワソワしちゃう(笑)。そういうところは似ているかもね。

目黒 一緒です(笑)。

三尋木 今日どうしたの？って聞かれたら、もう一日落ち着かなくて仕事に集中できない(笑)。

目黒 今日いつもと違うね、何かあるの？って聞かれたらパニックです(笑)。

三尋木 だれかの目を引くことより、自分が心地よくいられることがいちばん。だから頑張ってあちこち手を伸ばすより、自分らしくいようとするスタイルは見ていて共感します。でも実は最近、わたしは50歳を境に少し進化したいなと考え始めているところなの。何も変わらないでいるより、ちょっとだけエッジやモード感を加えてみたいなって。ベージュばかり着ていたけどダークカラーを増やしてみたり。自分の心地よさは大切だけど、止まったひとにはなりたくなくて。やっぱりひとを引き付ける素敵な女性って進化していると思う。目黒さんは、自分を更新していくべきポイントってどこだと思いますか？

目黒 わたしは40歳になって、やっと着こなしに迷いがなくなってきたことが嬉しくて。だから更新するとしたら服というより、いままでサボってきたボディづくりや美容の部分をアップデートしていきたいです。服を着る中身の部分が、もっと進化していけたらと思います。たどり着いたいまのスタイルが似合う自分でいるためにも頑張りたいです。

Sayaka Kawakami × Etsuko Meguro
働くということ

目黒　わたしたちの出会いは20年くらい前ですよね(笑)。

川上　わたしがまだ銀行で働いていた時代ですね。めぐちゃんは「ビームス 池袋」のショップスタッフをしていて、わたしはそこで買い物をしている新人OLでした。

目黒　出会ったときは、わたしが「BEAMS」に入社して1年目に池袋の店舗に配属された頃。

川上　そのお店が帰宅途中にあるので、誘惑に負けてつい寄っちゃうんです。

目黒　さやかさんは名物のお客さんでした(笑)。それはもうたくさん買っていくので。

川上　当時はめぐちゃんがすごく大人に見えてたんだけど、社会人歴はほとんど一緒だったんだね、わたしたち。いつもわたしの優柔不断な買い物に付き合ってくれてありがとう。

目黒　優柔不断な印象は全くないです。さやかさんの予約アイテムやお取り寄せは絶えず何かしらあったけど(笑)。

川上　懐かしい(笑)。職場は制服だったから通勤服は自由だったんです。だから好きなものを何でも買えたんですよね。

目黒　その後、ご縁があって再会したらスタイリストになっていてびっくり。

川上　銀行で5年間働いたんだけど、このままでいいのか悩んで。自分の強みを仕事にしたいと考えるようになったんです。当時よく読んでいた『Oggi』で大好きだったスタイリストの佐藤佳菜子さんがブログをやっていて、そこでアシスタントを募集しているのを知って。誰にも相談せず、その日のうちに履歴書を書きました。そしてポストに投函したら、すぐにお返事が来て。

川上さやか

スタイリスト。大手金融会社のOLからスタイリストに転身した異色の経歴の持ち主。シンプル&ベーシックな中にも上品な女らしさが光る、リアルな通勤コーディネートが人気。初の著書『おしゃれになりたかったら、トレンドは買わない。』も好評発売中。

目黒　ええ！　メールではなく郵送に時代を感じます(笑)。

川上　そうなんです(笑)。「いちばん最初に来た履歴書だからご縁かなと思って」と佐藤さんから連絡が来て、すぐ面接してもらったんです。すごく親切で、「さやかちゃんに銀行を辞めさせて、もし違うと思ったら申し訳ないから、まずはお手伝いから始めてみる？」と言ってくださったんです。そこから、銀行の仕事終わりにアシスタントのお手伝いをするという毎日が始まりました。

目黒　銀行員と掛け持ちだったんですか！　忙しくて大変でしたよね？

川上　平日は時には終電まで、土日も撮影のお手伝いなどをして、1年間掛け持ちをしていました。佐藤さんも1年待ってくれたんだから優しいですよね。

目黒　1年間休みがなかったってことですよね？　辛くなかったですか？

川上　それが、めちゃくちゃ楽しくて。初めてコーディネートルームに行ったときの感動は忘れられません。たとえばショップだったら自分の好きなものが置いてあるとしても一部じゃないですか。でもその部屋には、自分が大好きなスタイリストが選んだもので溢れているから、それはもう夢のような空間なんです(笑)。当時すごく流行っていた〈SARTORE〉のブーツがたくさん並んでいるのを見て、「こんなに種類があるんだ…」って呆然としたり(笑)。それは楽しくて仕方ない1年を過ごして、正式なアシスタントになりました。

目黒　好きなことを仕事に出来るって楽しくて辛さを感じづらいですよね。その感覚、すごくわかります。それにしても尊敬します！

川上　その後は2年半アシスタントをやり、30歳になる前に独立できたらいいねと言われて、めでたく独立しました。

目黒　佐藤さんのスタイリング、わたしも大好きです。

川上　スタイリングにとにかく品があるんです。当時、グレージュという言葉をよく使っていたのも印象に残っています。ミラネーゼみたいなセンスも憧れでした。めぐちゃんはその頃、どんなキャリアだったの？

目黒　わたしはさやかさんに出会った池袋の店舗からオフィススタッフに異動して2年、その後は横浜の店舗に配属されました。

川上　めぐちゃんに会うために横浜まで買い物に行ったのを覚えています(笑)。

目黒　わざわざ来てくれて驚きと感謝でいっぱいでした。

川上　やっぱりめぐちゃんから買うのが間違いないと思ってたから。着ている服もセンスも好みだったから信用しきっていました(笑)。あの頃は、めぐちゃんが着ている服がつい欲しくなって困りました。

目黒　プロに言われると恐縮です。さやかさんも本当に服が好きなひとなんだなってことが感じられて、お会いするのとセレクトするアイテムが楽しみなお客様でした。

川上　当時はめぐちゃんのことをもっとベテランだと思っていたから、新人だったと聞いて驚愕。いつも穏やかで、フレンドリーで、でも全く失礼じゃなくて。いまと全く変わらない雰囲気。それってすごく素敵なことだと思います。めぐちゃんが3年前にプレスになって、いままたこうやって一緒に仕事ができていることに不思議な繋がりを感じます。

目黒越子に聞く質問50

フォロワーさんからいただいた質問に答えます！

1. 出身は？
山梨県北杜市大泉町。

2. 好きな食べ物は？
中華×紹興酒、餃子×ビール、イタリアン×ワイン
お寿司×日本酒、立ち食い蕎麦、崎陽軒のピラフ弁当

3. 好きなおやつは？
コーラグミ、ホワイトチョコ系が好きで、平日夕方に摂取。

4. よく飲むお酒は？
平日は、ハイボール。休日は、ワイン♪

5. ラーメンは食べますか？
よく食べます。勢得、本家 第一旭、蓮爾が好き。

6. 目覚ましの時間は？
5:55。今日もGO！GO！という気持ちで起きます。

7. 寝る時間は？
平日は25時。休日は22時。

8. 犬の名前は？
モネ。チワワ、女の子です。

9. 好きなタイプは？
長瀬智也さん。トータス松本さん。

10. 30代までにやってよかったことは？
歯科矯正、全身脱毛、旅行。

11. これからやりたいことは？
体作り、美容、料理、英語！

12. 休日の過ごし方は？
朝、海への散歩でリフレッシュ。お昼か夜は好きなものを
食べて飲んで、早く寝ます。掃除などの家事、考えごと、イン
プットもまとめて休日に。

13. 好きな季節は？
夏。G.W.くらいの爽やかな季節も好きです。新緑の香りを
思いっきり深呼吸するのが好き。

14. 近所のオススメグルメは？
葉山にある海鮮料理の魚佐と日本茶専門店の日の出
園、一色海岸のイタリア食堂のルーク。逗子ならサンダウ
ナー トーキョー オムレツ、クラフツマンズバーガー。
鎌倉はオステリア コマチーナ、フォー カットゥン。

15. 好きな時間は？
朝の身支度をしている時間。車窓を眺めるひととき。朝陽や夕陽、
月や星を眺める時間。

16. 年齢を重ねることにどんなマインドで向き合っていますか？
まわりにお手本のような方がたくさんいるので、モチベーションに
しています。年齢をしっかり受け入れて、その時々に素敵に思え
ることを大事にしていきたいです。

17. 日頃の体調管理で心がけていることを教えてください！
食事の摂り方と睡眠の質。健康診断は、必ず年に1回。

18. メンタル面の管理は？
適量のお酒と頼れるひとへの相談、笑うこと！

19. コーディネートにかける時間は？
朝パックをしている5分の間に。天気と気温、その日のスケジュー
ルで決めています。

20. 忙しいなかでも笑顔でいられるコツは？
朝、心も身のまわりも整えて、自分で自分をご機嫌にすること。
笑顔も暗い顔も伝染するので、せっかくなら忙しくても笑顔でい
たいと心がけています。

21. どこか手を抜いているところがあったら教えて下さい！
おうちのことを夫に頼り切りなところでしょうか（笑）。感謝しかあ
りません。

22. いつも前向きでいるために、日々心がけていることは？
ポジティブな言葉選び。言霊を信じているところがあります。

23. 旅の必須アイテムなどあったら教えてください！
キャップ、メガネ、現地でたくさん歩くのでスニーカーと動きやす
いウェア。

24. パートナーとの年齢差は？ スタイリングの助言はしますか？
夫とは12歳差です。スタイリングの助言は全くしません(笑)。夫は
Tシャツとショートパンツが基本です。

25. 仕事のモットーはなんですか？
気持ちを込めて丁寧に働くこと。上手に働けないので誰かのため
になるように心を込めて。そして何事も楽しむこと。

26. 接客で気をつけていることは？
信頼される立ち振る舞い、また頼りにしていただける環境づくり。

27. 違う職業になるとしたら？
女将さん。楽器が弾けるのもいいな。

28. Instagramを始めたきっかけは？
フリーランス田中さん（Instagram @yotanaka1109）の
SNS講座。上司の安武さん（Instagram @toshihiro_
yasutake）のアドバイスももらいながら、本格的にスタート
させました。

29. 40代のメイクを教えてください。
YUTA..さん（Instagram @yuta_caroys）のアカウントが
大人の女性向けの内容で参考になります！　メイクは不
得意なので、得意なひとに聞いてます(笑)。

30. 目黒メイクのポイントは？
眉と目。いまは、太め眉。目元は上下ブラウン系シャドーと
しっかりマスカラ。リップはオレンジ系と決めています。

31. 体型維持方法は？
朝食をプロテインにして、置き換えダイエット中。平日は夕
食を食べていません。あとはウォーキング。

32. 次にやりたい髪型は？
ショートボブ。白髪が多いので、いつかシルバーヘアもした
いです。

33. 服に携わる仕事をしようと思ったきっかけは？
オシャレで素敵だなと思う方のポイントを探すのがいちば
ん楽しくて。好きを仕事にしました。

34. 原宿のお気に入りランチは？
龍の子、みづ家、ブックスバニー。

35. 老けて見えないコーディネートのポイントは？
隠すところと隠さないところのメリハリ。新しいアイテムを
更新すること。手入れされた髪や肌、ネイルなどもポイント
になりそうです。あと、表情！

36. 服の断捨離方法は？
丸3年着ていないものは手放して良いと思います。逆に
残っているものは、何年でも着ます。気に入っているものに
合うアイテムを更新すると買いすぎないかもしれません。

37. タイツは穿きますか？
真冬は穿きます。重くなりすぎず、女性らしさが残るボー
ダーラインは個人的には70デニール以下だと思います。色
はグレーが多いです。

38. 家から出ない完全オフの日の服やメイクを知りたいです！
カットソーにデニムかレギンス、シャツにショートパンツで
過ごします。メイクはなしで、スキンケアのみ。髪の毛は上
でお団子にしています。完全オフとはいえ、自分にがっかり
しないスタイルで。

39. どうやって自分らしいファッションセンスを磨きましたか？
最初は雑誌やスナップを見て、好きなものをマネしているう
ちに自分らしさが見つかってきました。リサーチと実験です！

40. 長年愛用してるブランドを知りたいです！
服は〈Demi-Luxe BEAMS〉、〈AK+1〉、〈EFFE BEAMS〉、
〈CINOH〉、〈ATON〉、〈Room no.8〉。靴は〈MANOLO
BLAHNIK〉、アクセサリーは〈Fruitsjolie〉。

41. ビームス愛を語ってください！
関係する全てのひとをハッピーにすることを目指している会
社なので、ひとが温かい。関係するひとたちも同じように素
敵な方達ばかりで、ハッピーが繋がっていると感じます。

42. 大人がチャレンジするなら、どんなハットがオススメですか？
わたしの場合、最近はキャップ一択です。

43. 40代からの服の選び方、バランスの取り方を教えてください！
好きなものと似合うものを揃えること。ウエスト位置や首、手
首、足首の「3首」の出し方を調整すること。

44. 好きになるブランドの共通点や、軸になるものは？
着るひとのことを考えていると感じられるブランド。質やシル
エット、ディテールに表れていると思います。

45. フォーマルでも普段使いでも使えるブランドバックは？
〈THE ROW〉のミニバッグは、どちらにも使えて重宝してい
ます。

46. バッグやアクセサリーを取り入れる時のポイントは？
黒の服が多いので、バッグはニュアンスカラーに。アクセサリー
は耳元必須。メイクと同じくらいの効果があると思います。

47. 服を購入するときに大事にしている基準は何ですか？
好み、色、サイズ、汎用性、ケア。5つのポイントを試着しなが
ら確認して選びます。

48. 着ない色は？
鮮やかで強い色。意外と言われますが、ネイビーも着ません。

49. 人生最後の1日、何を食べたい？
朝ラーメン、昼イタリアン+ワイン、おやつに餃子+ビール、夜
お寿司+日本酒。

50. これからの目標は？
1日1日を大切に過ごせるひとであること。

おわりに

いかがでしたでしょうか?

僭越ながら40歳のわたしがいま伝えられることをすべてこの本の中に込めました。

もちろんわたしひとりの力では到底無理なこと。

関わる沢山の方に支えられてかたちになりました。

最近はどんな繋がりも断片的ではなく

いちど離れてもまた会えるご縁が多い気がしていて、必要なひとと繋がっていられること、

生きていくうえで大切なことに気付かされてまた感謝しています。

この本もそう。初めましての方は少ないんです。

初めましての方には、この先またどこか違うかたちでご一緒することになるかも。

自分が本を出せることなど夢にも思っておりませんでしたが、関わってみて、プロってすごい、

出版・撮影に関わる皆様の目線も通してわたし自身を知ることができたことも

とても感謝しています。

人生100年時代だとすれば、これからの60年の糧となりそうなことばかりでした。

この先、派手色スタイルになるかもしれないし、ボブヘアや坊主になるかも。

山に住んだり海外に住んだりすることもあるかも。

どこにいてもどんな時もいま好きと思えることやひと、ものに出会う感覚を忘れずに

自分らしくこの先も歩めたらいいなと思います。最後までご覧いただきありがとうございました。

これからも皆様と良いご縁で繋がっていられますように。

目黒 越子

目黒越子 ETSUKO MEGURO

ビームス プレス

1983年生まれ。2005年「デミルクス ビームス 新宿」スタッフとして入社。ショップスタッフ時代に『ベスト販売員名誉表彰者』に選出され、ショップマネージャーやスーパーバイザーを経て、2020年よりプレスに着任。2022年7月から本格的にはじめたInstagramでは、2ヶ月間でフォロワーが4万人に急増し、2023年春夏より発売がスタートした自身が制作に関わるアイテムコレクションをはじめ、着用アイテムにまつわる問い合わせが絶えず、反響を呼んでいる。休日は大好きなワインと共に葉山でのライフスタイルを愉しむ。
Instagram：@meguro_etsuko

BEAMS

1976年、東京・原宿で創業。1号店「American Life Shop BEAMS」に続き、世界の様々なライフスタイルをコンセプトにした店舗を展開し、ファッション・雑貨・インテリア・音楽・アート・食品などにいたるまで、国内外のブランドや作品を多角的に紹介するセレクトショップの先駆けとして時代をリードしてきました。特にコラボレーションを通じて新たな価値を生み出す仕掛け役として豊富な実績を持ち、企業との協業や官民連携においてもクリエイティブなソリューションを提供しています。日本とアジア地域に約160店舗を擁し、モノ・コト・ヒトを軸にしたコミュニティが織り成すカルチャーは、各地で幅広い世代に支持されています。
https://www.beams.co.jp

メグロズ シンプル スタイル メモ

Meguro's SIMPLE STYLE MEMO

発行日	2023年9月30日　初版第1刷発行
	2023年11月5日　　第2刷発行
著者	目黒越子（株式会社ビームスクリエイティブ）
発行者	千葉由希子
発行	株式会社世界文化社
住所	〒102-8187
	東京都千代田区九段北4-2-29
	電話　03-3262-5155（編集部）
	電話　03-3262-5115（販売部）
印刷・製本	大日本印刷株式会社
DTP製作	株式会社明昌堂
撮影	須藤敬一[モデル]
	大槻誠一[静物]
編集	西澤未来（LVTN）
ブックデザイン	半坂亮太（store inc.）
校正	安藤栄
プロダクションマネジメント	株式会社ビームスクリエイティブ
営業	大槻茉未
進行	中谷正史
編集部担当	平澤香苗（株式会社 世界文化社）

©2023 BEAMS Co.,Ltd. Printed in Japan
ISBN978-4-418-23426-4

I AM
BEAMS